오늘의문학시인선 351

아지랑이 피는 날

김장수 시조집

오늘의문학사

국립중앙도서관 출판시도서목록(CIP)

아지랑이 피는 날 : 김장수 시조집 / 지은이: 김장수. -- 대전 : 오늘의문학사, 2015
　p. ;　cm. -- (오늘의문학시인선 ; 351)

ISBN 978-89-5669-687-4 03810 : ₩8000

한국 현대 시조[韓國現代詩調]

811.36-KDC6
895.715-DDC23　　　　　　　　　　CIP2015015873

아지랑이 피는 날

책머리에

바쁜 것처럼
미친 것처럼 쫓기다가
이른 아침
모처럼 마을길을 걷는다.

정신없이 질주하는 자동차에서
내뿜는
석유 타는 냄새가
오랜만의 여유를
어지럽힌다.
이 지독한 냄새를 내뿜으며
아침, 저녁으로 정신없이 달린 것은
까마득히 잊은 채

왕복 10차선 도로 가엔
나무뿌리로 만든 공예품들이
새벽하늘을 떠받치고
주인은 길바닥에 침구를 펴고
밤이슬 마시며
꿈길에서
돈을 쓸어 담고 있었을까
목구멍이 포도청이라고 되뇌며.

길 건너 병원 창가엔
덩그러니
아침 해가 걸리고
원장은 주말 이 아침에
어떤 하루를 원하고 있을까?

오늘따라 밥 익는 냄새 더 구수한데
병원 문은 굳게 닫혀만 있고
내 삶은
원하지 않아도 더 길어만 간다.

차례

● 책머리에

1부 금수강산

원효암에서 ──── 13
적벽강 ──── 14
진악산 ──── 16
서대산 ──── 18
대둔산 ──── 20
봉황대에서 ──── 21
귀래정에서 ──── 22
국사봉 ──── 24
백령성터 ──── 25
철마산에서 ──── 26
갈기산에서 ──── 28
그리움 ──── 30
천년 전 인삼 ──── 31

2부 포도주를 마시며

빈 가슴 —— 35
성민아! —— 36
알아요? —— 38
살아계실 제 —— 39
우진이 —— 40
할미꽃 —— 41
포도주를 마시며 —— 41
할머니 제삿날에 —— 44
지 맘이지 —— 45
피스토리우스 —— 46
럭비공 —— 48
봉수란 놈 —— 49
성민이 —— 50
서연이 —— 51
엠버 밀러의 꿈 —— 52

3부 멍에

조팝꽃 —— 55
산불 —— 56
찜질방 —— 58
상사화 —— 59
이팝나무꽃 —— 60
소나기 —— 61
연못 —— 62
분수 —— 63
바위섬 —— 64
멍에 —— 65
부표 —— 66
치즈 —— 67
치즈마을 리무진 —— 68
갈대 —— 69
게 —— 70

4부 그리움

온천 —————— 73
화심순두부집 —————— 74
미나미현 —————— 75
烏鵲橋 —————— 76
마세다 요새 —————— 78
초조대장경 인쇄본 —————— 80
달리는 무도장 —————— 82
인연 —————— 83
낙조 —————— 84
장맛비 오는 날 —————— 85
여름 밤 —————— 86
폭우 내린 날 —————— 87
뽀빠이 횟집 —————— 88
여우비 —————— 89
황소식당 —————— 90
그리움 —————— 91
인동주 마을 —————— 92
오포대에서 —————— 93

5부 비렁길 연가

충주호 ——— 97
남한강 ——— 98
봄 ——— 99
섬진강의 봄 ——— 100
매화 ——— 101
보리밭 ——— 102
임의 숨결 ——— 103
옥계폭포 ——— 104
궁남지 ——— 105
유월 추소정에서 ——— 106
백담사에서 ——— 108
진부령 고개 ——— 109
화진포 석호 ——— 110
낙산사에서 ——— 112
고성 통일전망대에서 ——— 114
호산해수욕장 ——— 115
등대섬 가는 길 ——— 116
비렁길 연가 ——— 118
향일암 ——— 120
양재 시민의 숲 ——— 121
마라도 ——— 122
남강 유등 ——— 123
노적봉 ——— 124
갓바위 ——— 125

1부
금수강산

원효암에서

산새도 넘다 지쳐 걸터앉아 쉬던 폭포
새소리 바람소리 멈춰선 산골짜기
원효암 풍경소리에 원효대사 웃음 짓고.

20미터 수직폭포 가뭄에 목이 타고
원효암 주지승은 짐 나르기 고달픈가
폭포 옆 가로지르는 한가로운 톱니 궤도.

미나미현 원전 사고 예의지국 멍이 드네
발목만 살짝 봐도 엑스레이 찍으면서
산골짝 작은 암자에 소금가마 쌓였구나.

구름도 갇혀 서고 바람도 되도는 곳
봄 햇살 멈춰 서서 달궈진 바윗돌에
노오란 생강나무 꽃 봄바람과 춤춘다.

* 원효암 : 진악산 북서쪽 기슭에 있는 암자

적벽강

뜬봉샘
넘쳐흘러
패인 곳 달려온 물

수통리 바위절벽
바람 함께 할퀴어서

암벽에
서린 생채기
붉은 혈흔 가득하네.

굽이쳐
휘감는 물
암벽을 쪼아내어

커다랗게 뚫린 굴엔 어부가 쉬어가고

저녁 해
굴 안에 갇혀
강물까지 붉구나.

양자강
상류 어디
천의절경 적벽강이

동방의 예의지국
나들이 나왔다가

바위산
곳곳의 단풍
붉은 빛에 취했구나.

* 적벽강 : 금산군 부리면 수통리 앞의 강

진악산

금산분지 남쪽 터에
우뚝하게 솟아올라

주릉의 기암 괴봉
두 팔 벌려 아우르고

맑은 물
골짜기 내려 골 넘치는 인삼향.

금산읍 굽어보는
깎아지른 낭떠러지

구름도 산을 넘다 걸쳐 쉬며 세월 잊고

새소리
바람소리에 잠이 드는 봉황천.

영천암 도구통바위
관음봉 원효폭포

산 찾아 나선이들
갈증 이는 가슴 속에

한 묶음
봄꽃 되어서 하늘 나는 벌 나비.

서대산

바윗돌
얼싸안고
흥겨워 춤을 추다

가는 세월 서글퍼서
한 덩어리 되었구나

발아래
사람 사는 곳
이곳만은 못하다며.

바윗돌
부서진 틈
빼곡 쌓인 흙먼지에

소나무 씨앗 싹터
가지 위 푸른 잎들

세상사
힘이 들어도
사는 것이 약이란다.

* 서대산 : 금산군 추부면과 군북면 사이에 있는 산.

대둔산

노령산맥 내달리다 멈춰서 솟구치니
오대산 천등산도 덩달아 신났구나
마천대 올려다보며 기암괴석 합장하네.

기암절벽 아름다운 서남쪽 절벽위엔
구름다리 걸터앉아 흰 구름 유혹하고
수풀 위 케이블카는 부는 바람 세우는데.

동쪽 계곡 냇가 따라 태고사 오르는 길
나그네 외롭다고 산새도 따라 날고
발아래 구름 띄우니 하늘나라 여기라네.

수락계곡 흐르는 물 명경지수 따로 없네
그 누가 바위 모아 석 공원 만들었나
하늘 밑 온갖 돌들이 지난 세월 부른다.

봉황대에서

굽이쳐 흐르는 물
청룡이 승천하듯

푸른 빛 맑은 물 속 어름치 유영하고

용호석
나란히 서서 굽어보는 강 언덕.

그 옛날 아픔 이는
저곡리 강 언덕 위

임진년 날던 화살 지금은 바람 되어

봉황대
가파른 암벽 흔들리는 솔가지여.

귀래정에서

강정모랭이 건너 언덕
암봉 위 작은 정자

지는 해 붉은 햇빛
금모래에 반짝이니

풍류객
이곳에 모여 지는 해가 아쉬웠지.

떠밀려 또 떠밀려
강가에 쌓인 모래

새 고향 찾아 앉은 소나무 씨앗 품어

울창한
松林 사이로 찾던 자취 바쁘더니.

목선에 올라 앉아
나누던 옛 얘기도

금모래 울창한 송림
정답던 발걸음도

전설 속
화마만 남아 찾을 길이 없구나.

  * 귀래정 : 충남 금산군 부리면 평촌리 강가에 있던 정자
  * 강정모랭이 : 충남 금산군 부리면 신촌리 웃새터마을 건너에 있는 금
    강 모랭이

국사봉

천래강 굽어보다 햇볕 모두 품어 안고
신음산 능선 한 곳 비바람에 씻겨 내린
바위만 덩그러니 남아 기도하는 수도승.

신안사 풍경소리 바람 따라 오르다가
되돌아 내려와서 풍경 다시 울려주니
찾는 이 가슴에 이는 봄바람도 재운다.

물소리 바람소리 나는 새 등에 업혀
작은 계곡 흐르는 물 거울처럼 닦아주니
봄가을 산자락 따라 봄꽃 가득 단풍 가득.

백령성터

육백고지 향한 능선
가파른 봉우리에

백제 병사 함성소리
바람 따라 쉬어가고

성충의
구국의 충절
옛 성터를 맴돈다.

무너진 성벽 위에
봄볕은 잠을 자고

노송은 비스듬히 서
지난 세월 못 잊는데

옛 성터
뒹구는 돌들
망국한을 달랜다.

* 백령성터 : 금산군 남이면 역평리 육백고지 근처에 있는 성터

철마산에서

일흔이재 굽이돌아
철마산 오르는 길

산행객 갈증 달랜 그 흔적 반겨 맞고

마른 잎
밟히는 소리 지난날들 그립다.

천년을 하루같이
하루도 천년같이

우뚝 솟은 암벽 틈에 풀, 나무 키를 잰다

덧없는
세상나들이 내 알바가 아니란 듯.

천내강 굽어보고
진악산 올려보며

눈벌에 묻힌 영혼 밤낮으로 달래다가
오백년
서린 눈물이 철쭉으로 피었다.

* 철마산 : 금산군 군북면 내부리 뒷산
* 눈벌 : 금산 칠백의총 근처의 들

갈기산에서

산 찾아
녹음 찾아
비탈길 오르는 길

떠가던 잿빛 구름
무슨 사연 그리 슬퍼

울다가 다시 또 울어 나그네도 서럽다.

소나무
가지 끝에
솔향기 춤을 추고

능선 아래 흘러가는
금강물 추억 찾다

내리는
빗방울 소리에 옛 고향이 그립다.

정상에
세운 표석
산 높이 585m

오르며 흘린 땀이
겉옷을 적시어도

가슴 속 자리한 애증 마르지를 않는다.

* 갈기산 : 금산군 제원면과 영동군 양산면 사이의 산

그리움

굽이돌아 오르는 길 햇볕 품어 뜨거운데
산 고개 넘던 바람 말 등을 간질이다
그리움 찾는 나그네 발길 세워 붙잡아.

벚나무 가지 끝에 새 희망 춤을 추고
가지 아래 평상 위엔 그리움 너울대니
막걸리 가득한 잔에 옛 시절도 춤춘다.

만나서 반가운 이 앞자리 가득하니
세월이 무심해도 섭섭할 일 무엇이랴
술 좋아 옛 임이 좋아 세월가도 좋은데.

* 진악산휴게소에서

천 년 전 인삼

개삼터
잠든 영혼
등불 되어 타오르고

천 년 전 자란 인삼 그날 모습 여전하다

대대로
이어온 선약
건강한 삶 누리란 듯.

* 2011 금산 세계인삼엑스포장에서

2부

포도주를 마시며

빈 가슴

저 달이
떠 있는가?
그리움이 떠있는가
초저녁 뜬 달에게 물어도 대답 없고
토끼는 어디로 가고
빈 절구만
외롭다.

성민아!

세상을 여는 울음 모두가 기뻐한 날
어느새 1년 지나 첫돌이 되었구나!
온 가족 조바심하며 마음 졸인 지난 날.

간간히 찾아온 널 바쁘다는 핑계 삼아
잠시 얼굴 보고 돌아선 발길 뒤로
가슴 속 쌓이는 미련 하마 네가 알겠냐만.

병치레 하 많으면 어른 돼 건강탄 말
그 옛말 위안삼아 속 타도 참은 세월
이제는 그만 아프고 건강하게 살아야지.

헤벌린 입술 사이 늘어나는 앞 치아들
다리 하나 접고서는 기어가는 네 모습에
내 늙음 잊어버리고 대견하여 즐거웠지.

네 누나 서연이가 시샘해 밀쳐내도
아랑곳 하지 않고 다가가는 너의 모습
끈끈한 혈육의 정을 그 무엇에 견주랴.

이제는 버젓하게 두발로 걸으면서
새로움 신기하여 까치발 하는 모습
그렇게 호기심 갖고 건강하게 자라라.

   * 성민이 돌에

알아요?

이웃집
살면서도
얼굴 보기 힘든 세상

안다고 말을 하네 인사 한 번 나눈 사이

같은 피
몸에 흘러도
등 돌리면 남인데.

조간신문
일면 기사
텔레비전 머리 뉴스

귀 열고 눈을 뜨면 세상사 모두 거기

모른 척
살고 싶어도
지구촌이 눈앞에.

살아계실 제

부모님 함께 하는 즐거운 가족 모임
효도보다 더 멋진 일 세상에 없을지니
찾아온 아들 며느리 금은보화 따로 없지.

한 평생 살아온 길 돌아보면 잠시이고
이마에 굵은 주름 자식 키운 상장인 걸
깊어도 흉하지 않으니 부처 얼굴 예 있네.

멀리서 찾아와서 함께 하는 점심식사
산해진미 주문한들 이보다 맛있을까
눈앞의 모습만 봐도 감개무량하시지.

함께한 짧은 시간 그처럼 신이 날까
진자리 마른자리 갈아 뉜 젊은 세월
가슴에 주마등 되어 이슬지는 눈망울.

세상의 부귀영화 눈 감으면 일장춘몽
기쁨도 서글픔도 살아있어 느끼는 걸
한 목숨 다하기 전에 즐거운 일 늘려야지.

우진이

1학년
교실 중간
꾀죄죄한 옷차림에

얼굴엔 환한 미소
제멋대로 곱슬머리

공부는
관심이 없고
생각 따로 몸 따로.

우진이
참 착하지
머리 빗고 다녀야지

2학년 되더니만
의젓하고 바르구나

그 소리
듣기 좋은지
아침마다 환한 미소.

할미꽃

가신 임
그리워서
하늘 붉게 물들이고

보고픈 사람들을 소리쳐 불러 봐도

바람결
들리는 소리
이 세상이 천국이래.

포도주를 마시며

칠레서 배 타고 온
연 노랑 백포도주

맘씨 고운 우리 언니
병째로 들고 왔다

포도주
잔이 아녀도 고운 마음 가득한 잔.

음식 맛 여러 가지
形態味, 色味, 器味

味味에 하나 더해 옆 자리 고운 향기

이 보다
더 좋은 맛이 술 권하는 고운 맘.

아침부터 술 마시는
이아침 햇살 곱다

器味는 아니어도 미주에 취기 돌고

울 언니
고운 맘 담은 작은 잔에 취기 돌고.

돌다가 또 돌다가
제 자리 돌아오니

솔향기 오늘 따라
창가에 가득하고

세월도
향기가 되어 부처 미소 예 있다.

　*언니 : 같이 근무하던 최○○ 선배님

할머니 제삿날에

오십년 전 돌아가신 할머니 제삿날에
흘린 땀 씻어내며 생전 얼굴 떠 올린다
조금 전 한 일 잊고서 투정하던 그 모습.

일제 치하 삼십육 년 육이오 삼년 전쟁
험한 세상 건너느라 지난 세월 가물가물
벽지에 그린 그림들 곪아 터진 옛 상처.

할머니 자녀 다섯 네 명은 세상 뜨고
둘째 딸, 맏며느리 할머니 닮아간다
지나간 세월에 지쳐 아픈 상처 잊으려.

홍동백서 좌포우혜 제사상 차려놓고
무릎을 조아리고 간절히 기도한다
저 하늘 새 세상에선 행복 가득 하시라고.

지 맘이지

찰칵찰칵 가위소리
엿장수 마음이지

입은 옷
남루함도
엿장수 마음이고

엿 조각 크고 작음도
엿장수 지 마음이고.

푸줏간 고기 크기
상근이 마음이지

상근아
고기 한 근
딱 한 근 무게이고

박 서방 한 근 주시게
상근보다 크단다.

피스토리우스

달리다
엎어지고
일어서다 넘어지고

얼룩진 땀과 눈물
남아공 육상 대표

그 인내
끈질긴 노력
인간승리이어라.

장애로
태어남에
왜 원망 없었으랴

운동장 내달리며
마음 속 삭인 세월

두 다리
대신한 의족
그 다리만 알리라.

* 피스토라우스 : 대구 세계 육상 선수권대회(2011.08-09)에 출전한 남아공 육상 대표 선수로 두 다리 없이 태어나 의족을 착용.

럭비공

허공 향해 솟구친다
방향도 제멋대로

뛰는 곳 평평해도 종잡을 수 없는 행로

영혼이
자유로워서 가는 곳도 맘대로.

둥글지 않으면서
모나지 않은 모양

보기에 좋은 떡이 먹기도 좋다는데

겉모양
괜찮은데도 알 수 없는 그 마음.

봉수란 놈

술 한 잔 마시면
안 시켜도 노래하고

제 마누라 착하다며 팔불출 따로 없는

때 장소
할 말 안 할 말
못 가려도 안 미운 놈.

성민이

외가에
찾은 외손
제 이름 알아듣고

포도 한 알 건네주며
살며시 짓는 웃음

초가을
파란 하늘도
이보다는 덜 곱다.

서연이

대머리 외할애비 보기에 무서운지
인사도 하지 않고 안기기 마다하고
먹을 것 사준다 해야 따라나서더니만.

문 열고 들어서는 외할애비 보고서는
달려와 구부리며 180도 배꼽인사
자기는 외할아버지 많이많이 좋다네.

"성민아 예쁜 짓" 동생 따라 한 눈 감고
제 동생 안아주며 귀엽다 벙긋 웃고
할애비 눈치 살피는 참 영악한 애늙은이.

엠버 밀러의 꿈

혼자서도 외로운 길
둘이면 힘이 될까

태어나지 않은 아기 품에 안고 백 오리 길

아기도
엄마 꿈 알고 세상구경 미뤘구나.

* 엠버 밀러 : 2011.10.11 만삭의 몸으로 6시간 25분 50초의 기록으로 시카고마라톤 대회를 완주한 여자 마라토너.

3부
멍에

조팝꽃

급식실 점심시간
창틀에 걸린 사진

좁쌀을 튀겨낸 듯
흰 눈꽃 가득 핀 듯

햇살도
눈이 부시어 오던 길로 되간다.

식판에 가득 담긴
조팝나무 하얀 꽃잎

소매 끝 이는 바람에
날릴까 흩어질까

애들아
살살 걸어라 봄 하늘이 달아날라.

산불

진달래 흐드러진
봄 동산 산자락에

봄꽃 시샘하듯
타오르는 붉은 불꽃

봄 찾은
아지랑이는
불꽃 위에 노닐고.

산토끼 허겁지겁
불 피해 달아나고

먹이 찾던 산비둘기
연기 피해 날아가고

애꿎은
풀, 나무들만
온 몸 가득 3도 화상.

동식물 생활 터전
땅속마저 더운 열기

화마가 할퀸 자리
검은 연기 피어오르고

검붉은
불꽃 사이로
흩어지는 메아리.

찜질방

오뉴월 햇볕 덥다 그늘 찾아다니면서
칠팔월 한여름에 찜질방서 땀 흘린다
찜질방 뜨거운 열기 몸에 좋은 보약처럼.

37도 넘어서면 정자 생성 줄어들고
뇌세포 망가져서 치매 빨리 온다는데
의사 말 믿지를 않고 즐겨 찾는 발길들.

온갖 사람 다 모인 곳 방안 공기 칙칙해도
오순도순 모여앉아 이야기꽃이 피고
자기 집 갈 생각 잊고 밤하늘이 집이라네.

오락실 가던 발길 손잡고 밤을 새고
여관 방 찾던 발길 얼싸안고 뒹굴뒹굴
남녀 간 부동석이라 먼 옛날의 이야기.

상사화

가을이 오기 전에
연자주 꽃을 피워

꿈 속 정든 임을 두 팔 벌려 안으려니

세월이
야속하다며 그리움을 묻는다.

이팝나무 꽃

지난겨울
내리던 눈
아직도 못 잊어서

여름도 오기 전에
겨울을 재촉하나

연초록
가지 끝 가득
그리움을 달고서.

소나기

파란 하늘 아름다워
심술기 발동 했나

천둥 번개 내리치며
바람 지고 비 뿌린다

시어미
맘에 안 드는
맏며느리 나무라듯.

연못

사람 사는 세상 안에
또 다른 세상 하나

바람에 이는 물결
물고기가 만든 물결

어울려
만든 윤슬에
잠긴 산도 설렌다.

활짝 핀 하얀 연꽃
하늘 향해 소원 빌다

비단 잉어 솟구침에
세속을 기웃대고

연잎 위
구르는 구슬
또 하나의 작은 세상.

분수

한 여름
무더위를
가슴에 품어 안고

내리쬐던 햇볕도 오던 길로 다시 간다

꽃밭엔
사뿐히 앉는
하얀 나비 무리만.

거친 물살
가르며
회귀하는 연어인양

잔물결에 춤을 추는 바다 속 해초처럼

흐르는
선율 따라서
춤을 추는 무희여.

바위섬

나온 배
들이느라
땀깨나 쏟았을까

흙먼지 모두 털고
맴도는 고요 속을

솔가지,
남은 미련에
바람 이는 작은 섬.

멍에

망태봉
정상으로
짐 나르는 지게꾼의

지게 끝 얹힌 짐 위
짓누르는 삶의 무게

목구멍 가득히 메운 뼈 시리는 아픔들.

　* 망태봉 : 소매물도에 있는 해발 152m 높이의 봉우리

부표

출렁이는 하얀 바다
떠 있는 은빛 부표

바람도 잠재우고 욕망도 떨치란다

은갈치
군무 틈에서
어깨춤이 절로 난다.

춤추는 은빛 물결
저녁 햇살 곱게 받아

즐기던 오수 접고 물고기들 모여 든다

하루 해
지는 저녁놀
남쪽 바다 더 곱다.

* 동부면 : 거제시 동부면

치즈

현미경 렌즈 안에
포로 된 작은 세균

죽은 생명 위 안에서 허기진 배 부여잡고

단숨에
들이마시다 몰래 토한 찌꺼기여.

치즈마을 리무진

창틀을
걷어내고
가을을 가득 담아

파란 하늘 속으로
덜컹대며 달려간다

시냇물, 매캐한 연기 같이 담긴 푸른 꿈.

* 치즈마을 : 임실군에 있는 마을

갈대

봄 하늘 여린 햇살 잎줄기에 포개두고
남해의 푸른 파도 하얀 꽃 가득 담아
살포시 부는 바람에 그리움도 따라 존다.

게

세상구경 하고 싶다
눈 볼록 내밀더니

무엇이 못마땅해 곧은 길 돌아가나

사람들
사는 세상은
늘 그렇고 그런데.

4부

그리움

온천

그 누가 보글떴나
제풀에 열 받았나

덥혀져 솟구치니
찾는 이 반갑구나

덥혀진
이유 몰라도 피로 풀면 그만이지.

화심순두부집

종류도
여럿이래
두부로 만든 요리

발상도
참신한데 맛
또한 일품이라

촌 동네 5일장 선 듯
찾는 이들 줄선다.

도너츠
탕수두부
돈가스 두부전골

다른 곳서
보기 힘든
이 집의 두부 요리

가슴에 담는 즐거움
혀끝보다 더 달다.

미나미현

시커먼 쓰나미가 밀려온 너른 해변
커다란 여객선은 시가지에 주저앉고
무너진 지붕위에는 한숨짓는 자동차.

커다란 입 벌리며 덮치는 파도 더미
모진 것 목숨이라 해일 피해 달려보나
어린애 나이든 노인 안 가리고 데려가.

활주로 구석구석 떠밀린 비행기들
기울은 신호등은 눈 감고 기도하고
무너진 집 잔해 옆엔 주인 잃은 사진만.

뒤틀린 땅거죽에 원자로 멍이 들어
밤거리 별빛 따라 방사선 춤을 추니
정든 곳 떠나는 슬픔 눈물 젖은 발길들.

烏鵲橋
— '천국의 눈물'을 보고

전쟁의
포화 속에
알알이 싹튼 사랑

애틋한 남매의 정
오작교 놓았어도

운명은
슬픔이 되어
번뇌되어 돌아오고.

마음속
깊은 상처
세월이 약이어도

그리움 봇물 되어 별빛도 길 잃으니

떠난 임
그리는 마음
밤하늘도 모르지.

가슴 속
이는 사랑
자연의 이치인 걸

세상의 부귀영화
여인네 유혹해도

첫사랑
그리운 정을
그 무엇과 바꾸리.

마세다 요새

조국 땅 수호하려
온갖 고난 이겨내고

굶주림 참아가며
일념으로 버틴 세월

고운 꽃
피고 진 지도 자그마치 삼세 번.

토산을 쌓는 이들
내 핏줄 내 형제라

적 아닌 적이 되니
차마 치지 못하고서

로마군
침입하기 전 순국의 길 택했다네.

구백팔십 충절의 혼
밤하늘 별로 빛나

고난의 이스라엘
주춧돌 되었구나

강인한
민족혼 불러 군사강국 되었구나.

초조대장경 인쇄본

닥나무
가지 잘라
껍질을 벗겨내어

일백 번
두드리니
틈마저 없는 종이

빛깔도
사랑스러워
능라비단 예 있다.

송연묵
짙게 갈아
부처말씀 옮겨두니

솔향기
가득 배어
검은 빛 그대롤세

일천 년
세월 지나도
아름다운 자태여.

달리는 무도장

햇살이
눈부셔도
버스 안엔 해가 졌다

매달린 스피커에 울리는 노랫가락

관광객
같이 춤추는
흥에 겨운 무도장.

산허리
감아 돌아
몸 가누기 힘들어도

아랑곳 하지 않고 어깨춤 신이 난다

시키는
사람 없어도
세월 잊고 싶은가.

인연

어느 날 우연히 필연인 듯 다가와
고달픈 세상살이 샛별처럼 등대처럼
지피는
희망의 등불
하늘이 준 선물들.

작은 인연이어도 마음 열고 내다보면
스쳐 지나간들 원망할 이 그 누구랴
영원한
만남 없으니
그것 또한 큰 인연.

낙조

눈벌에
해가 진다
푸른 산 능선 뒤로

속 알이 하던 가슴
눈가에 이슬 가득

검게 탄
가슴앓이에
충혈 된 눈 더 붉다.

세상살이
고달파서
잠들 곳 서산이랴

목 놓아 울어 봐도
쌓인 한 그대로니

끓는 듯
붉게 타는 듯
잠들 곳을 찾는다.

　*눈벌 : 금산 칠백의총 근처의 들

장맛비 오는 날

장맛비 내리는 날 식장산 사라졌다
정상에 오르는 길 나뭇잎도 지쳐있고
지난 밤 꾸던 꿈들도 구름 안에 갇혔다.

비에 젖은 산비탈 무너져 내릴까봐
다람쥐 굴 안에서 꼼짝도 하지 않고
산새는 제 집 비우고 햇볕 찾아 떠났다.

구름 아래 사람 세상 저 멀리 사라졌다
기쁨도 서글픔도 봄날 밤의 꿈이라고
이 세상 짧은 여행길 잠시 돌아보라고.

여름 밤

뭉게구름 끝자락에
그리움 얹어두고

구만리 꿈길을
정처 없이 헤매는 밤

빈 하늘
달그림자만 서러운 맘 달랜다.

폭우 내린 날

하늘이
노했는가
사람들 이기심에

산허리 내려앉아
무너진 보금자리

여름 날
저승사자는 제 맘대로 동행하나.

하늘에
떴던 구름
고향 찾는 몸부림에

넓은 길 강이 되고
도심은 너른 호수

자동차
나룻배 되어 푸른 바다 가잔다.

뽀빠이 횟집

주문진 소돌해변 물회로 유명한 집
폐업 전 찾아갈 곳 맛집 백선 안내 따라
더듬어 찾아들으니 반겨 맞는 주인 내외.

푸른 파도 이는 언덕 하얀 집 둥실 뜨고
식당 옆 바위 절벽 폭포수도 시원구나
한 여름 찾은 무더위 가슴 속속 식혀주네.

1인분 안 된다기 2인분 주문하고
손님이 왕이란 말 철부지 농담이라
애써서 가슴 삭이는 칠월말의 늦더위.

아내가 먹지 않아 2인분 모두 내 몫
부른 배 만져가며 먹고 먹는 어리석음
아내가 고마울 때가 이런 때도 있구나.

* 뽀빠이횟집 : 주문진 소돌해변가에 잇는 횟집

여우비

팔월의
하늘 위에
먹구름 몰려온다

몸살 앓는 들판에
천둥 번개 내리치다

럭비공
튀어 오르듯
다가오는 푸른 하늘.

황소식당

이른 저녁 시간에도 빈자리 찾기 힘든
주문도 받지 않고 머리수만 세어가고
뭐 먹냐 물어볼 필요 없는 서빙 언니 편한 집.

빈자리 앉으면 제 맘대로 들고 오는
공기밥 간장게장 양념게장 조기찌개
주문할 필요도 없는 찾은 손님 편한 집.

푸짐한 주인 인심 밥공기에 가득하고
주방장 정성 가득 밥상위에 가득한 곳
종업원 밝은 미소에 먹는 이도 흥겨운 집.

 * 황소식당 : 여수시에 있는 게장 백반집

그리움

눈뜨면 머무는 곳
임의 집 창 앞이요

눈 감고 헤매는 건
임의 발자취인데

헤매도
만날 수 없으니 가슴 가득 이는 슬픔.

인동주 마을

어릴 적
꿈이 익던
인동초 길다란 꽃

그 향기 술로 익어
다시 꿀 꿈 그리워

서해로
부는 바람이 등을 밀어 주는 길.

인동주
한 잔 술에
그리움 가득 일고

쏘는 듯 역겨운 듯
가득한 홍어 향미

근심도
삶의 피로도 파도 아래 묻힌다.

　* 인동주마을 : 목포시에 있는 삼합 전문식당

오포대에서

정오를
알리는 소리
유달산 오포 소리

대포 소리 사이렌 소리 이름 모두 오포여도

돌릴 수
없는 세월에
가슴 속에 쌓이는 한.

* 오포대 : 목포시 유달산 기슭에 있는 오포를 설치했던 곳

5부

비렁길 연가

충주호

호숫가 가득한 산
수면에 띄워놓고

오는 봄 재촉하는
빗소리 들으면서

호수 안
가득한 물은
찾는 이를 반긴다.

댐 수문 타 넘던 물
추위에 몸살 앓아

하얗게 만든 빙벽
아직도 떨고 있다

간 겨울
폭설과 혹한
잊을 수가 없는지.

남한강

호르다
멈춰서다
바윗돌 두들기다

잠긴 돌, 물가의 돌 굴리고 깎아내니

석공의
솜씨 아녀도
아름다운 자태여.

봄

봄 하늘
둥그런 해
구름 위 누워 쉬고

흙아래
흐르던 물
봄볕이 보고픈가

가녀린 버들가지에
잠겨있는 그리움.

섬진강의 봄

지리산
긴 골짜기
맑은 물 감아돌다

파도소리
그리워서
봄바람 담았는가

강가의 나뭇가지 끝
가득 달린 봄꽃들.

산대나무
가지 끝에
바람도 멈춰 서고

섬진강
수면 위에
가득한 푸른 하늘

재첩을 줍는 손길엔
가슴 벅찬 작은 꿈.

매화

기나긴
엄동설한
양지에 쌓아두고

시골 아짐
신혼의 꿈
하얗게 담았는가

섬진강
작은 언덕에
흐드러진 무지개 꿈.

보리밭

낮은 구릉 비탈 밭에
춤추는 연녹 물결

긴 겨울 얼었던 꿈
봄 햇살에 모두 녹아

바람결
따라 춤추는 젊은 날의 푸른 꿈.

보리밭 사이사이
이어진 황톳길엔

어릴 적 추억들이
비에 젖어 꿈틀대고

연녹색
피리소리에 아이 꿈도 커간다.

* 고창 학원농장에서

임의 숨결

노고단
덮던 구름
바람결 따라와서

산청고을 엄혜산에
그림자 드리우니

시공을 초월한 곳에 미소 짓는 고운 임.

山是山
水是水니
진리는 불변이라

가진 것 비워내도
끊임없이 솟는 욕심

하늘로 돌아가기 전 마음 무게 달아볼까.

* 지리산 劫外寺에서

옥계폭포

깎아지른 바위절벽 흰 구름 멈춰서고
여인네 폭포 기대 옷 벗고 누웠으니
사내들 모여 앉아서 취하는 줄 모른다.

소나무 붉은 가지 타는 햇볕 가려주고
물안개 하루 종일 수직절벽 에워싸니
절벽에 가득한 이끼 떠날 줄을 모르고.

달이산 능선 위로 살포시 솟는 달빛
폭포수 휘감으니 바람도 길 멈추고
한 송이 난초 향기만 골짜기를 맴돈다.

* 옥계폭포 : 영동군 심천면에 있는 폭포

궁남지

한 여름
무더워도
연 줄기에 꽃이 핀다

긴 세월 백제의 한
고스란히 담고 담아

궁남지
연못 주변에 신천지가 열렸다.

무왕 혼
의자왕 혼
연꽃으로 태어났다

삼천궁녀 노랫가락
연꽃 밭에 울려오고

옛 정원
넓은 연못엔 황포돛배 외롭다.

유월 추소정에서

대청호
푸른 물결
뻘 아래 내려앉고

하늘대던 고깃배도
잠이 든 호숫가에

주인 빈
낚싯대 끝에
빈 울림만 여울져.

긴 암벽
부소담악
까치발 하고 서서

떠가는 구름 불러 푸른 호수 그립대도

담수 전
마을 터에는
옛 시절이 누웠다.

추소정
옆 절벽 위
옛 생각 젖은 노송

가지를 내려뻗어
호수 수면 간질여도

물 마른
대청호에는
한숨만이 머문다.

* 추소정 : 옥천 추소리 부소담악 산능선에 있는 정자

백담사에서

푸르러 부서진 물 우유 빛깔 드리우고
계곡을 감아 돌아 모난 돌 깎아내니
골짜기 크고 작은 돌 세월 가득 쌓였다.

백두대간 산허리를 쉼 없이 달려와
목마른 숲속 나무 감로수 되었구나
금강송 찌를 듯 자라 나그네도 반갑다.

미르터 백담사간 굽이진 길 이십 리
물소리 요란하다 벼랑아랜 작은 호수
눈 뜨면 마음 졸이고 눈 감으면 아쉽다.

셔틀버스 헐떡이며 달려간 길 십여 분
넓게 열린 푸른 하늘 황용 승천 도왔을까
백담사 너른 절터엔 용의 기운 서렸다.

민족혼 일깨우던 만해선생 높은 뜻에
흰 구름 맑은 물도 숨소리 멈췄는데
오만함 떨치지 않고 눕던 자리 슬프다.

진부령 고개

북위 삼십팔 도
동경 백이십팔 도

백두대간 산허리에 구름길이 열렸구나

동해서
떠오는 구름 편히 타고 넘으라고.

오를 땐 완만하다
급경사 내리막길

동해의 푸른 물도 놀래어 출렁이며

금강산
자유로이 찾을 그 길 되길 그린다.

화진포 석호

세월이
춤을 춘다
화진포 호수 위에

실바람 너울대고
구름도 꿈꾸는 낮

해당화
꽃잎이 지니
붉은 열매 빛 곱다.

파도에
밀린 모래
작은 만 가로막아

고향이 지척여도 다시 갈 수 없는 발길

목 놓아
하소연해도
되갈 수가 없다네.

민족분단
슬픈 역사
미리 알고 있었던가

너마저 두 개 되어
눈물진 지난 세월

이승만,
김일성 자취
그것 또한 피눈물.

낙산사에서

동해바다 굽어보며 솟구친 오봉산 위
육년 전 화마 흔적 곳곳에 남았어도
부처님 자비로우심 곳곳마다 들려온다.

붉은 열기 못 견디어 동종도 녹아내리고
원통보전 부처상들 원통해도 어찌하랴
석축 위 높이선 홍예문도 피하지를 못하고.

배산임수 지형위의 보타전 웃고 있다
칠관음상 힘을 모아 화마 발길 돌렸다고
그날의 슬픈 사연들 나는 알고 있다고.

산기슭 언덕 위의 우뚝 선 해수관음상
찾는 발길 무수해도 마음은 허전한가
입가에 흐르는 미소 넉넉하지 못하다.

홍련암 옆 약수터엔 미소 띤 부처 하나
손에 쥔 병에서 맑은 물 나오기에
살며시 웃음 지으며 오줌싸개로 바꿔본다.

의상대사 좌선한 곳 바위절벽 의상대 옆
가지 잘린 소나무가 그날 일들 안다하나
나그네 허허한 마음까지 네가 어찌 알까나.

낙산사 경내 길에 이름 붙은 세 가지 길
소원을 이루는 길 깨달음을 얻는 길
설레임 있는 길까지 모두 걸어 봤건만.

빌고픈 소원 없어 이뤄진 소원 없고
바보로 살아선지 깨달음 못 얻었고
그리움 머무는 곳에 마냥 이는 설레임.

고성 통일전망대에서

내 나라 땅
보자는데
군인들 발길 막고

철조망 고추 서서 몸과 맘 옭아매니

회한의
눈물 흐른다
충혈 된 눈 붉어라.

바다를
가득 덮은
희뿌연 바다안개

금강산 일만 이천 봉 꿈길 따라 멀리 가고

안개에
묻힌 북녘 땅
가득 이는 그리움.

호산해수욕장

사람들 이기심에 해수욕장 사라졌다
바람이 쉬어가고 철새도 잠자던 곳
모래밭 예쁜 그림들 게 발자국 그립다.

떠오르는 해 맞으며 모래밭 걷던 발길
반짝이던 모래알 위 콘크리트 기둥서고
러시아 유전에서 올 가스들이 잠잔단다.

사람들 편히 쉬던 해수욕장 파헤쳐서
저유소 만들면 국가발전 더 빠르나
학생들 무상급식 외치던 야당의원 어디 갔나.

백사장 사라지고 소나무 베어버린
호산리 해수욕장 뒤 작은 솔섬 솔가지에
피서객 발길 뚝 끊긴 비치호텔 잠잔다.

등대섬 가는 길

뱃고동 우는 소리 갈매기도 의연한데
바위섬 가파른 언덕 주인이 바뀌었다
옛집도 옛 사람들도 모두 떠난 작은 섬.

등대섬 가는 길목 방향 없는 이정표에
학교길 갈담길 골목길 샘담길이
예 살던 사람들 꿈이 송골송골 맺힌 이름.

기암괴석 병풍 둘러 신선 놀던 작은 섬에
나 또한 신선되어 오르는 돌계단 길
흐르는 비지땀 속에 지난 세월 가득 일고.

이 작은 바위섬에 황토가 있었구나
황톳길 굽이 길에 동백나무 반겨 맞고
바람에 실려 온 파도 망중한을 달래는데.

그 언제 예 왔었나 조물주 마법의 손
하루 두 번 물 빠질 때 섬 잇는 이 자갈길
각이 진 모습 부끄러워 파도에 맡긴 세월.

속살이 찢겨져도 아플 틈 없었겠지
잔뼈가 부러져도 홀로 서 버틴 세월
그 세월 어엿이 쌓여 남해 절경 되었구나.

   * 등대섬 : 소매물도에 있는 등대가 있는 작은 섬

비렁길 연가

유람선 선상에서 올려다본 다도해를
비렁길 벼랑에서 내려다본 남해 바다
푸른 섬, 지나는 배들 거꾸로 서 반기고.

한 더위 부는 해풍 구름 함께 빛 가리니
벼랑 위 나뭇가지 가을 찾아 길나서고
왕매미 울음소리에 졸고 있는 흰 구름.

걸으며 바라보고 발길 멈춰 또 보고
비렁길 목책 위에 세월 얹어 동여매고
절벽에 질곡의 세월 걸어두고 온 발길.

쪽빛 물결 위에 솟은 회백색 수직 절벽
온 가족 생계 걱정 목숨 걸고 오른 자리
미역을 널었던 그 곳 그 자리에 나를 널고.

구름이 길 막아도 바람이 길 바꿔도
팔월 중순 붉은 태양 제 갈길 잊었는가
나그네 바지자락에 곱게 그린 그림 세 폭.

지척이 천리던가 제 버티기 힘들었나
처마까지 쌓은 돌담 담쟁이 잎 지쳐 있고
가지가 잘리어 나간 저 소나무 힘겹다.

* 비렁길 : 금오도 해안 언덕 위의 벼랑을 따라 만든 길

향일암

향일암 찾는 이들 베푸는 맘 가지라고
깎은 듯 쪼개진 듯 하늘 향한 석문 기둥
팔월의 찌는 더위를 온 몸으로 막아서고.

오르는 암반에도 암자 아래 바위에도
거북 등 육각무늬 세월 잊고 웃고 있다
부처님 새긴 무늬가 명화보다 멋지다고.

이년 전 입은 화상 삼도화상 중중 이어
서까래 이어 다는 망치소리 요란한 낮
관음전 지키는 스님 염불소리 외롭다.

돌산도 동남쪽 끝 깎아지른 절벽 위에
바람에 실린 파도 제 몸 씻어 맛을 잃고
원효대사 독경소리에 지난 세월 그립다.

양재 시민의 숲

고속도로 내달리는
자동차 굉음소리

밤새도록 요란해도
쉴 곳 있어 반가운데

졸면서
새운 긴 밤을 헬기소리 아침 연다.

팔 벌릴 틈 없어도
작은 공간 고맙단다

예아님 도심 어디
나무 쉴 곳 또 있을까

찾아와
반기는 이들 그들 있어 짧은 하루.

마라도

사면팔방 둘러 봐도
파도만 출렁이는

작은 섬 선착장에 골프장 카트 가득

카트 수
주민 수 보다 많은
최남단의 작은 섬

잔디밭 푸른 바다
산도, 숲도 없는 땅

십여 리 해안선엔 둘러선 바위 절벽

여객선
뱃머리마다
작은 소망 익는다.

남강 유등

햇살 한줌 또 한줌
살며시 모았다가

깊은 밤 마실 나온
물고기 길 밝히고

초가을
밤하늘 가득
춤을 추는 고운 빛.

노적봉

서글픈
노랫가락
밤낮으로 들으면서

피맺힌 그 날의 한
가슴으로 쓸어안고

구국의
장렬한 영혼 넋 달래는 임이여.

갓바위

태고가
열리던 날
한민족 영혼 불러

흐르던 용암 식혀
갓 형상 빚었구나

해신의
질투, 노여움 달래어 재우려고.

아지랑이 피는 날

김장수 시조집

발 행 일	|	2015년 6월 15일
지 은 이	|	김장수
발 행 인	|	李憲錫
발 행 처	|	오늘의문학사
출판등록	|	제55호(1993년 6월 23일)
주 소	|	대전광역시 동구 대전로 867번길 52(삼성동 한밭오피스텔 401호)
전화번호	|	(042)624-2980
팩시밀리	|	(042)628-2983
홈페이지	|	http://www.lito77.co.kr(홈페이지)
전자우편	|	hs2980@hanmail.net
공 급 처	|	한국출판협동조합
주문전화	|	(070)7119-1741~2
팩시밀리	|	(031)944-8234~6

ISBN 978-89-5669-687-4
값 8,000원

ⓒ김장수, 2015

* 이 책은 ㈜교보문고에서 E-Book(전자책)으로 제작·판매합니다.
* 잘못 제작된 책은 바꾸어 드립니다.